Дарья Маршук

Политика КНР в регионе Большого Ближнего Востока 2001-2012гг.

Дарья Маршук

Политика КНР в регионе Большого Ближнего Востока 2001-2012гг.

Dictus Publishing

Imprint

Cover image: www.ingimage.com

Publisher:
Dictus Publishing
is a trademark of
Dodo Books Indian Ocean Ltd., member of the OmniScriptum S.R.L Publishing group
str. A.Russo 15, of. 61, Chisinau-2068, Republic of Moldova Europe
Printed at: see last page
ISBN: 978-3-8473-8663-6

Оглавление

Введение

В современном мире Ближний Восток представляет собой не только регион с богатейшими запасами природных энергетических ресурсов, но также является и очагом возникновения международных противоречий, которые оказывают влияние практически на все политические и экономические процессы, происходящие в мире. Из-за своей экономической привлекательности этот регион притягивает к себе внимание ведущих мировых держав, которые стремятся к обладанию как можно большего влияния в этом регионе. При этом методы, к которым прибегают руководители стран для укрепления своих позиций могут быть как мирными, так и содержать в себе долю устрашения. Более того, современный мир до сих пор борется с последствиями экономического кризиса 2008 года, который показал значительную несостоятельность западной экономической системы. При этом для восстановления большинства экономик необходимы приемлемые цены на энергоресурсы, а большую часть нефти для Европы и Америки поставляют именно страны Ближнего Востока. Именно поэтому в зависимости от происходящих там событий происходят изменения в мировой экономике в целом. Данный факт является еще одной причиной, по которой проблемы Ближневосточного региона являются перспективными и актуальными для изучения.

В рамках данного исследования будет рассмотрен регион Большого Ближнего Востока, включающий в себя и страны Персидского залива, и Иран, а также некоторые страны Северной Африки: Ливию, Алжир, Египет и Судан. Данный регион представляет собой значительную часть земного шара с многонациональным населением, и представляет собой интересную территорию для политического и экономического анализа. Присутствие же многих ведущих держав в этом регионе придает ему еще и международную значимость.

С начала XXI века значительно изменился расклад политических сил в Ближневосточном регионе. Из-за определенных недомолвок и разногласий со странами Запада, многие лидеры Ближневосточных государств стали видеть в странах Востока, таких как Китай, Япония и Корея, своих перспективных партнеров и союзников. Однако не смотря на это, страны Запада стремятся удержать там свои позиции, при этом прибегают иногда к довольно жестким методам. При анализе данной ситуации становится понятно, что политика «активного невмешательства», установленная компартией КНР еще в 90-е годы XX века совершенно не соответствует реалиям XXI века. Продолжение следованию такой политики может привести к потере Китая значительного влияния не только в регионе Ближнего Востока, но и мире в целом. Именно по этой причине в период первого десятилетия XXI века произошел ряд трансформаций во внешней политике Китая. При рассмотрении внешнеполитической деятельности Китая на примере региона Ближнего Востока можно увидеть ряд кардинальных изменений, произошедших в период с 11 сентября 2001 года до ноября 2012 года. Две данные даты являются своего рода переломными моментами для внешнеполитической деятельности Китая. Если в конце XX – начале XXI века на Ближнем Востоке преобладало именно влияние США, то после событий 11 сентября 2001 года ситуация кардинально поменялась. США стали гораздо более настороженно относиться к странам с мусульманским населением, видя в них источник возникновения терроризма. В результате, многие страны, население которого исповедует ислам, отвернулись от Запада и стали развивать интенсивные отношения со странами Востока, в том числе и с Китаем. В ноябре 2012 года прошел XVIII съезд Коммунистической Партии Китая, на котором был определен курс дальнейшей активизации внешней политики Китая для достижения основных экономических и национальных интересов страны.

Цель данного исследования - рассмотреть эволюцию политики КНР в регионе Большого Ближнего Востока в XXI веке в период с 11 сентября 2001 года до ноября 2012 года.

Были определены следующие задачи данного исследования:

- Определить экономические интересы Китая в Ближневосточном регионе
- Рассмотреть влияние ислама на установление экономических и политических связей Китая с мусульманскими странами.
- Проанализировать информацию китайских СМИ относительно политических потрясений, происходящих на Ближнем Востоке.
- Дать оценку позиции китайского руководства по вопросам нестабильности в Ближневосточном регионе
- Показать эволюцию укрепления китайского присутствия на Ближнем Востоке на протяжении первого десятилетия XXI века

В вопросе внешней политики Китая заинтересованы как российские, так и зарубежные исследователи. Поскольку Китай в будущем претендует на звание ведущей мировой державы, весь мир пристально наблюдает как за его внутренним развитием, так и за активизацией его внешней политики.

Наиболее информативным источником в данном вопросе являются аналитические статьи, а также интервью представителей властных структур, размещенные в китайских СМИ. К таким изданиям можно отнести ежедневную газету "Женьмин жибао"[1], Газету Глобал Таймс[2], а также информационное агентство "Синьхуа".[3]

---

[1] 人民日报.(Ежедневная газета Женьмин жибао). [Электронный ресурс]. Режим доступа: http://www.people.com.cn/

[2] 全球的报 (Газета Глобал Таймс.)

[3] 新华社 (информационное агентство Синьхуа). [Электронный ресурс]. Режим доступа: http://www.nx.xinhuanet.com

Важным источником является и официальный сайт Министерства Иностранных Дел Китая, на котором размещается основная документация, касающаяся отношений Китая с другими странами, в том числе и странами Ближневосточного региона.[1] На данном сайте также можно найти интервью представителей управления МИД, что так же позволяет составить представление об основных аспектах внешней политики Китая.

Благодаря официальной документации, размещенной на сайте Совет Безопасности ООН можно составить представление о позиции руководителей ведущих мировых держав относительно событий происходящих на Ближнем Востоке, а также проследить, насколько выполняются определенные условия, отраженные в той или иной резолюции.[2]

Поскольку одним из важнейших элементов внешней политики китайского руководства является расширение не только торгового, но и культурного взаимодействия со странами-партнерами, то информацию о расширении сотрудничества Китая с другими государствами можно почерпнуть и на сайте Институтов Конфуция.[3]

Многие российские исследователи в своих работах также затрагивают вопрос о трансформации внешней политики Китая, обращая внимание в первую очередь на регион Большого Ближнего Востока. Сотрудники таких крупнейших аналитических изданий как Информационный портал Институт Ближнего Востока[4] и журнал "Новое Восточное Обозрение"[5] регулярно публикуют свои новые работы касательно изменений во внешнеполитической стратегии Китая.

---

[1] Ministry of Foreign Affairs of the People's Republic of China. [Электронный ресурс]. Режим доступа: http://www.fmprc.gov.cn/eng/default.htm

[2] UN Security Council. [Электронный ресурс]. Режим доступа: http://www.un.org/Docs/sc/

[3] Confucius Institute online. [Электронный ресурс]. Режим доступа: http://www.chinese.cn/

[4] Информационный портал Институт Ближнего Востока. [Электронный ресурс]. Режим доступа: http://www.iimes.ru/

[5] Электронный журнал "Новое Восточное Обозрение". [Электронный ресурс]. Режим доступа: http://www.ru.journal-neo.com/

В своих аналитических статьях заместитель директора Института Дальнего Востока РАН, доктор исторических наук, профессор Лузянин С.Г. рассматривает преобразование внешнеполитической стратегии Китая с конца 90-х годов XX века до настоящего времени. [1] Также касается проблемы нарастающего противостояния Китая и США. Продолжает анализ изменившегося внешнеполитического курса Китая и старший научный сотрудник Института Дальнего Востока РАН, кандидат исторических наук Свешников А.А. [2] Однако он прослеживает развитие внешнеполитической концепции Китая начиная с момента образования КНР в 1949г., что делает анализ еще более глубоким и полноценным. Лукин А.В., являющийся директором Центра исследований Восточной Азии и ШОС, также занимается проблематикой китайской внешней политики. В своих работах он рассматривает направления сотрудничества Китая и России, в том числе и по вопросам международных конфликтов, например войны в Ираке.[3]

Таким образом, благодаря доступу ко всем вышеперечисленным информационным источникам, можно составить полноценную картину трансформации, произошедшей во внешней политике Китая в первое десятилетие XXI века. Анализ существующей внешнеполитической концепции Китая предоставляет возможность составить возможный прогноз в отношении будущих направлений развития китайской внешней политики, а также роста влияния страны на мировой политической арене.

---

[1] Лузянин С. Китай на пути к "сверхдержаве": сколько осталось пройти?// Обозреватель-Observer. 2011.№4. С.78-91

[2] Свешников А.А. Концепции КНР в области внешней политики и национальной безопасности.[Электронный ресурс]. Режим доступа: http://library.by/portalus/modules/politics/readme.php?subaction=showfull&id=1141857334&archive=&start_from=&ucat=10&

[3] Лукин Александр. Россия, США, Китай и война в Ираке.// Международная жизнь. 2003.№4. С.96-115

Глава I. Китай в регионе Большого Ближнего Востока.

Экономические интересы КНР в Ближневосточном регионе

Начиная с конца 90-х гг. XX века в КНР начался интенсивный экономический рост, который обусловил превращение КНР из регионального лидера в одну из ведущих держав мира. Однако с развитием экономики неуклонно возрастала необходимость в импорте все большего количества энергоресурсов, которых в самом Китае крайне не хватает. Так, в 2003 г. импорт сырой нефти в Китае возрос на 31%, а за первые 4 месяца 2004 г. импорт нефти в Китае вырос на 69% по сравнению с этим же периодом прошлого года. Более того, по оценкам Международного энергетического агентства (International Energy Agency (IEA)), к 2020 г. Китай будет импортировать около 70% сырой нефти и 50% газа [1]. Основными же поставщиками "черного золота" для Китая являются страны Ближневосточного региона, и, на данный момент, около 60% всей импортируемой нефти Китай получает из стран Персидского залива. Именно поэтому Китай укрепление позиций страны в Ближневосточном регионе является одним из наиболее приоритетных направлений китайской внешней политики. Одним из основополагающих аспектов этой политики является развитие двусторонних экономически выгодных отношений с странами-экспортерами нефти, такими как Иран, Саудовская Аравия и Оман. В настоящее время на внешних энергетических рынках действуют три основные китайские государственные компании - Китайская Национальная Нефтяная Корпорация (China National Petroleum Corporation (CNPC)), Китайская Национальная оффшорная Нефтяная Корпорация (China National Offshore Oil Corporation (CNOOC)), и Петрочайна (Petrochina), представляющие интересы китайской стороны и в Ближневосточном регионе.[2]

---

[1] International Energy Agency. [Электронный ресурс]. Режим доступа: http://www.iea.org/stats/graphresults.asp?COUNTRY_CODE=CN

[2] Leverett Flynt. Managing China-US energy competition in the Middle East. [Электронный ресурс]. Режим доступа:

Экономическое укрепление Китая в регионе необходимо и для удовлетворения там геополитических и национальных интересов страны. Несмотря на напряженность политической ситуации вокруг Ближнего Востока, с начала XXI века Китай постепенно расширяет сотрудничество со странами Персидского залива не только путем заключений соглашений о поставках энергоресурсов, но и с помощью реализации крупных инвестиционных проектов, примером которых может служить участие китайских компаний в реализации программ по расширению железнодорожной сети в Иране. По словам руководителя железнодорожной компании Ирана Масуда Рахмана: "Заключенный между двумя странами контракт предусматривает строительство разветвленной железнодорожной сети общей протяженностью более 5,3 тыс км." [1] При этом, по приблизительным оценкам, сумма инвестиций составит более 13 млрд. долларов. Помимо этого, Китай с Ираном связывают и крупные проекты в энергетической сфере. Так, в январе 2009 года между этими странами был заключен контракт в размере 1,75 млрд. долларов на разработку газового месторождения в Северном Азагедане. А в 2010году подписан контракт на 100 млрд. долларов на поставки газа из месторождения Ябараван.[2] Таким образом, между Китаем и Ираном существует крепкое энергетическое партнерство.

Китай укрепляет свои позиции на Ближнем Востоке и с помощью развития своей банковской системы. Так, в 2008 году, индустриальный и коммерческий банк Китая (Industrial and Commercial Bank of China (ICBC)) сообщил об открытии своих отделений в г.Доха, столице Катара, в г.Дубаи, а

---

http://www.masteruniteramo.it/pdf/articoliesaggi_perautore_pdf/leverett-bader_cina%20in%20medio%20oriente.pdf

[1] Китай инвестирует 13 млрд долл в строительство железных дорог в Иране. [Электронный ресурс]. Режим доступа: http://www.trans-port.com.ua/index.php?newsid=24178

[2] Китай, Иран и США. [электронный ресурс]. Режим доступа: http://www.inosmi.ru/world/20100225/158319434.html

также в г.Абу-Даби.[1] По оценкам экспертов, реализация данного проекта способствовала созданию "финансового моста" между Китаем и Ближневосточным регионом. Однако, в последнее время из-за существующей нестабильности в регионе, мировое сообщество вынуждено принимать различные ограничительные меры, в том числе в отношении банковской и финансовой систем некоторых государств Ближневосточного региона. Так, в отношении Ирана в августе 2010 года была принята резолюция № 1929 Совета Безопасности ООН[2], в соответствии с которой были введены существенные ограничения в банковской сфере Ирана, в частности, запрет на открытие на территории Ирана филиалов банков других государств, что вызвало сильное недовольство Китая, так как это ограничивало расширение экономического присутствия Китая в Иране.

В 2009 году официальный Пекин взял курс на интернанационализацию юаня, с целью повышения конвертируемого потенциала юаня в мировой торговле. За 2011 год объем сделок в юанях вырос в 100 раз. Китай планирует расширить международное использование своей валюты. Как заявил посол США в Гонконге Дональд Тон: "В 2013г. финансовые центры по обеспечению торговых сделок в юанях должны появиться на Ближнем Востоке"[3]. Укрепление юаня на этом рынке необходимо, так как по данным "China Market Research Group" на настоящее время товарооборот Китая со странами Ближнего Востока составляет около 240 млрд. долларов. При этом Китай придерживается стратегии медленного и постепенного укрепления национальной валюты, стремясь минимизировать возможный ущерб для экспортеров китайских товаров. Однако данная политика Китая вызывает крайнее недовольство США, которые считают, что занижение обменного курса юаня приводит к

---

[1] ICBC in Middle East. [Электронный ресурс]. Режим доступа: http://www.icbcme.ae/icbc/%E6%B5%B7%E5%A4%96%E5%88%86%E8%A1%8C/%E4%B8%AD%E4%B8%9C%E7%BD%91%E7%AB%99/en/AboutUs/Introduction/default.htm

[2] UN Security Council. [Электронный ресурс]. Режим доступа: http://daccess-dds-ny.un.org/doc/UNDOC/GEN/N10/396/79/PDF/N1039679.pdf?OpenElement

[3]Кравченко Екатерина. Юань расползается по миру. [Электронный ресурс]. Режим доступа: http://www.postcrisisworld.org/publications/podrobnee/1289/

дальнейшему усугублению товарного дефицита и усилению нестабильности международной финансовой системы.[1] Данная ситуация ярко демонстрирует противостояние доллара и юаня на мировом валютном рынке.

Значительную роль в развитии взаимоотношений КНР и стран Ближневосточного региона играет Китайско-арабский форум сотрудничества, созданный в 2004г. В качестве основных задач форума были объявлены усиление как политического, так и экономического сотрудничества. Также было заявлено о необходимости расширять взаимоотношения в области культуры и науки. Данный форум безусловно способствует интенсивному развитию сотрудничества КНР и стран Ближнего Востока.[2] По словам китайского посла в Тунисе - Хуо Дженде, "несмотря на произошедшие в последнее время значительные политические трансформации на Ближнем Востоке, Китайско-арабский форум сотрудничества остается наиболее эффективной формой организации политического и экономического сотрудничества между странами-участниками."[3]

Для Китая долгое время было затруднительно устанавливать крепкие двусторонние отношения с теми странами, которые строго придерживаются канонов ислама, в частности с Саудовской Аравией. Данное мусульманское государство довольно подозрительно относилось к Китаю, где в некоторых районах страны мусульманские меньшинства подвергаются серьезным ущемлениям в правах, к которым относятся и уйгуры в провинции Синьцзян.[4] Однако с начала XXI века, когда позиции главного конкурента Китая в Ближневосточном регионе - США стали заметно ослабевать, многие ближневосточные государства по-новому взглянули на Китай, и стали видеть в

---

[1] Браун Керри. Китай, Иран и США. [Электронный ресурс]. Режим доступа: http://www.inosmi.ru/world/20100225/158319434.html

[2] Action Plan of the China-Arab Cooperation Forum (2008-2010). [Электронный ресурс]. Режим доступа: http://www.mfa.gov.cn/eng/wjb/zzjg/xybfs/xwlb/t466439.htm

[3] Chinese, Arabs eye deepening ties through cooperation forum. [Электронный ресурс]. Режим доступа: http://news.xinhuanet.com/english/china/2012-06/01/c_131624040.htm

[4] Нарушат ли аппетиты Китая равновесие на Ближнем Востоке. [Электронный ресурс]. Режим доступа: http://www.inosmi.ru/world/20121127/202695186.html?id=202714259

нем перспективного экономического партнера. Значительный рывок взаимоотношений между этими странами произошел еще в 2001 году, после теракта 11 сентября, когда были значительно ухудшены взаимоотношения США со странами Ближневосточного региона, так как официальный Вашингтон обвинял в совершении теракта выходцев именно из этого региона. В результате, произошло укрепление отношений Китая и Саудовской Аравии: был подписан целый ряд соглашений об энергетическом сотрудничестве, и начался период интенсивных инвестиционных вложений. В конце апреля 2007г. саудовский Генеральный комитет по делам капиталовложений объявил о подписании соглашения с китайской "Западной компанией промышленного развития" (WWIDC), а также с рядом других компаний КНР, призванного содействовать строительству крупнейшего "промышленного города" в саудовской провинции Джизан, расположенной на юго-западе королевства, который возникнет вокруг комбината по производству алюминия. По оценкам, объем капиталовложений составит не менее 4 млрд. долларов. [1] Если же говорить об инвестициях Саудовской Аравии в промышленность в Китая, то на настоящий момент крупнейшая в мире нефтяная компания "Saudi Aramco" располагает двумя нефтеперерабатывающими заводами в провинции Шаньдун в г. Циндао, и в провинции Фуцзянь, которым она владеет совместно с "Sinopec" и "ExxonMobil".[2]

Более того, после теракта 2001 года США, под предлогом обеспечения безопасности, усложнили процесс получения виз для предпринимателей, выходцев из Арабских стран. [3] В свою очередь, Китай наоборот упростил бюрократические процедуры въезда в страну, что способствовало росту выгодных сделок не только в крупном, но и среднем и малом бизнесе. Данная

---

[1] Косач Г.Г. Иностранные инвестиции в Саудовской Аравии: Китай и Япония лидируют. [Электронный ресурс]. Режим доступа: http://www.iimes.ru/?p=5726

[2] Китай и Саудовская Аравия: история взаимодействия и перспективы сотрудничества (1980-2010). [Электронный ресурс]. Режим доступа: http://www.synologia.ru/a/

[3] Китай- Арабский Восток: взаимозависимость возрастает. [Электронный ресурс]. Режим доступа: http://www.ru.journal-neo.com/node/10385

тенденция также значительно повлияла на развитие экономических связей Китая со странами Ближнего Востока.

В последнее время наблюдается и заметный приток ближневосточного инвестиционного капитала на китайский рынок. Корпорация "Borogue", которая является крупным производителем полимеров в Объединенных Арабских Эмиратах (ОАЭ), вкладывает значительные средства в строительство логистического и сбытового центра для продвижения своей продукции из полиолефина в Шанхае и Гуанчжоу.[1] В свою очередь, кувейтская нефтяная корпорация "Kuwait Petroleum International" совместно с китайской компанией Sinopec в марте 2011г., после пятилетних переговоров, заявили о принятии окончательного решения о сооружении нефтеперегонного и нефтехимического комплекса международного уровня в китайской провинции Джизан.[2] По оценкам, сумма инвестиций должна составить более 9 млрд. долларов. Видя значительный приток инвестиций в Китай можно сделать вывод о том, что в последнее время китайский рынок становится все более привлекательным для инвесторов.

Среди исследователей и аналитиков существуют разные мнения относительно перспектив развития сотрудничества КНР и стран Ближневосточного региона. Исследователь американского военного училища в Навале Гэб Коллингс считает, что экономическое сотрудничество КНР со странами Ближневосточного региона будет развиваться быстрыми темпами: "Китайские инвестиции очень важны для региона хотя бы потому, что они не связаны с таким же количеством дополнительных условий, что инвестиции с Запада"[3]. Согласно более осторожным высказываниям некоторых китайских

---

[1] Китай- Арабский Восток: взаимозависимость возрастает. [Электронный ресурс]. Режим доступа: http://www.ru.journal-neo.com/node/10385

[2] Final go-ahead for refinery joint venture in China. [Электронный ресурс]. Режим доступа: http://www.kpc.com.kw/MediaCentre/PressReleases/PressReleases/FINAL%20GO-AHEAD%20FOR%20REFINERY%20JOINT%20VENTURE%20IN%20CHINA.aspx

[3] Он-лайн версия журнала "Эксперт" [Электронный ресурс]. Режим доступа: http://expert.ru/expert/2012/31/pragmatichnyij-podhod/

политиков и исследователей, за усилением Китая следует и ожесточение противостояния с США. Бывший представитель Китая по Ближнему Востоку Сунь Бигань (покинул пост в марте 2008г.) считает, что в целом влияние Пекина на данный регион весьма ограничено: "США всегда стремились контролировать нефтяную трубу. Сейчас США и Китай сотрудничают, однако одновременно между ними продолжает идти борьба. К тому же США всегда смотрели на нас как на потенциального врага", - указывает он в своей статье, опубликованной в сентябре 2009г в журнале "Asia & Africa Review"[1]. В любом случае, благодаря своей политике в отношении Ближневосточных государств, Китай постепенно укрепляет свой позиции в данном регионе.

В свете современной нестабильности на Ближнем Востоке, нельзя не отметить, что позиция Китая в отношении Ближневосточных конфликтов напрямую зависит от его экономических интересов. В период обострения там политической нестабильности китайское правительство отправляет в "горячие точки" своих представителей, которые должны следить за безопасностью китайских энергетических активов в той или иной стране. Ярким примером служит ситуация в Ливии, откуда Китай получает около 3-3,5% всей импортируемой нефти. В 2010 году Китай увеличил свои инвестиции в этой стране на 25%. Однако в результате революционных потрясений, произошедших в Ливии, и последующего вторжения на территорию государства войск НАТО (Стран Североатлантического договора), китайская сторона понесла значительный экономический ущерб. Для того, чтобы компенсировать понесенные убытки и не потерять свои политические позиции в Ливии, официальный Пекин через своих представителей способствовал нормализации отношений с новыми ливийскими властями. Ту же стратегию использует Пекин и в отношении Алжира. Опасаясь распространения революционных настроений на территорию Алжира, китайское руководство

---

[1] Reuters Agency. [Электронный ресурс]. Режим доступа: http://www.reuters.com/article/2009/09/30/us-china-mideast-idUSTRE58T0Z420090930

старалось занять такую позицию, чтобы в случае прихода новых политических лидеров китайские компании не лишились бы ранее заключенных нефтяных контрактов. [1] Более того, политические трансформации, происходящие в последнее время на Ближнем Востоке напрямую сказываются на ценах на энергоносители, и, в свою очередь, оказывают дополнительное воздействие на инфляцию, которая и так довольно высока в Китае. В 2010 году инфляция в стране составила 3,3%, а в 2011г составила уже около 5,5%.[2] Для того, чтобы минимизировать негативное влияние подобных изменений на китайскую экономику китайскому руководству необходимо активно участвовать в урегулировании подобных конфликтных ситуаций.

Таким образом, экономика Китая, несмотря на все усилия правительства в поиске новых поставщиков и созданию стратегических запасов, до сих пор сильно зависит от потока энергетических ресурсов с Ближнего Востока. Для Китая очень важно установить партнерские отношения с нефте-экспортирующими странами Персидского залива. Для экономического роста Китая так же важно осуществление инвестиционных проектов, а укрепление отношений с ведущими странами Ближнего Востока способствует притоку капитала в КНР. В целом, можно сделать вывод о том, что Ближневосточная политика Китая напрямую зависит от его энергетических потребностей. Даже в период кризисных ситуаций на Ближнем Востоке Китай стремится занять такую позицию, которая соответствовала бы в первую очередь его экономическим интересам. В период происходящих изменений для Китая очень важно сохранить за собой ту нишу нефтяного рынка на Ближнем Востоке, которую страна сумела занять за первое десятилетие XXI века. Однако также нельзя не отметить, что экономическое укрепление Китая в данном регионе

[1] Baker Rodger. Dispatch: Middle East Unrest and China's Resource Interests.[Электронный ресурс]. Режим доступа: http://www.stratfor.com/analysis/20110223-dispatch-middle-east-unrest-and-chinas-resource-interests
[2] Инфляция в Китае в 2011 году составила 5,4%. [Электронный ресурс]. Режим доступа: http://ria.ru/economy/20120112/537443966.html

позволяет китайскому руководству более уверенно отстаивать свою политическую точку зрения относительно ситуации на Ближнем Востоке, что делает КНР еще более значимым игроком на мировой политической арене.

Особенности китайской дипломатии на Ближнем Востоке

До настоящего момента политика Китая на Ближнем Востоке полностью соответствовала внешнеполитической стратегии, выдвинутой бывшим председателем КНР Ху Цзиньтао на форуме в Баоао в 2004 году, которая получила название концепция "мирного развития".[1] В соответствии с данной концепцией предполагалось, что Китай будет придерживаться политики отказа от принятия активного участия в урегулировании международных противоречий. Во время своего выступления Ху Цзиньтао подчеркнул, что при этом Китай будет стремиться способствовать "развитию международного порядка в еще более справедливом и разумном направлении."[2] В данном высказывании акцентируется внимание на желании китайского руководства сотрудничать со всеми странами, и принимать как можно меньшее участие в каких-либо военных блоках, направленных против третьих стран.[3] Таким образом, Китай стремится позиционировать себя в качестве независимого центра силы в международных отношениях. Акцент в программе развития, объявленной Ху Цзиньтао, был сделан на сохранении национального суверенитета, безопасности и территориальной целостности государства. Однако проблема состояла в том, что данная концепция практически полностью соответствовала внешнеполитическому курсу, выдвинутому Дэн Сяопином еще в 1980-е годы. Именно тогда был взят курс "четырех модернизаций", делавший упор на экономических преобразованиях.[4] Внешней

---

[1] Кашнин В. Выйти из тени. Китай в поисках новой внешней политики.// Россия в глобальной политике. 2012.№2. 109С.

[2] Доклад Ху Цзиньтао на 17-м съезде КПК. [Электронный ресурс]. Режим доступа: http://russian.china.org.cn/china/archive/shiqida/2007-10/25/content_9120930.htm

[3] Трифонов В. Внешняя политика КНР (1949-2009гг.)//Проблемы Дальнего Востока. 2009. №5. 62С.

[4] Свешников А.А. Концепции КНР в области внешней политики и национальной безопасности.[Электронный ресурс]. Режим доступа:

политике страны была отведена вспомогательная роль, связанная с обеспечением внешних условий для модернизации Китая. Однако реалии XXI века совершенно отличны от тех, которые имели место в 80-е годы прошлого века. Изменение расположения сил в мире, а так же значительное усиление самого Китая вызывали необходимость реализации изменений. Так же можно сказать о том, что китайское руководство, в лице Ху Цзиньтао, отстаивало концепцию "невмешательства" во внешней политике для того, чтобы при необходимости это как аргумент перед лицом европейских держав, вмешивающихся в урегулирование ситуации на Тайване и Тибете. Таким образом, еще раз подчеркивается приоритет необходимости защиты национальных интересов страны перед внешнеполитической деятельностью. Внешнеполитическая стратегия, объявленная Ху Цзиньтао, была достаточно критически воспринята политическими лидерами Запада, которые окрестили ее "бездейственной" и не соответствующей современной международной политической ситуации.[1]

Происходящие изменения в мире показывают, что существующая китайская стратегия во внешней политике не соответствует экономическим и геополитическим интересам государства. Именно поэтому в настоящее время Китай стремится выйти на новый уровень международных отношений. К такому переходу Китай немало подтолкнуло и обострение политической ситуации в ближневосточном регионе, который является основным поставщиком нефти для Китая. Многие исследователи считают события на Ближнем Востоке стимулом для изменении внешнеполитической стратегии КНР. Так, по словам директора Института исследований зарубежного инвестиционного климата Китайской Национальной Нефтяной Корпорации (China National Petroleum Corporation (CNPC)) Сюй Сяоцзе: "Хаос,

---

http://library.by/portalus/modules/politics/readme.php?subaction=showfull&id=1141857334&archive=&start_from=&ucat=10&

[1] КНР - Ближний Восток: К вопросу о "политике невмешательства во внутренние дела". [Электронный ресурс]. Режим доступа: http://www.ru.journal-neo.com/node/119126

разразившийся в этом году на Ближнем Востоке, не просто затрагивает кровные интересы Китая в арабском мире, но и означает еще большее влияние Китая на ближневосточные дела, дает шанс усилить наше влияние как великой державы." [1] Экономический рост Китая, а также связанная с этим необходимость импортирования все большего количества энергоресурсов, делают политику "активного невмешательства" несостоятельной. По мнению бывшего корреспондента "The Wall Street Journal" Джеймса Дорси, продолжение такой политики принесет значительный ущерб экономике страны.[2]

До сих пор основу внешней политики Китая составляет реализация экономических интересов государства, которые могут быть достигнуты только при условии поддержания долгосрочного и стабильного мира. По словам седьмого министра иностранных дел КНР Цянь Цичэня: "Взаимные интересы - основа безопасности отношений."[3] Для поддержания подобных двусторонних отношений Китай придерживается политики "мягкой силы", то есть политики достижения желаемого результата не с помощью силы или давления, а благодаря переговорам и взаимному сотрудничеству. По мнению экспертов, китайская политика "мягкой силы" включает в себя три аспекта: культурный диалог, лидерство в развивающемся мире, и противодействие сложившемуся стереотипу о "китайской угрозе".[4] Распространение знаний о Китае в мире реализуется, в том числе и благодаря деятельности Институтов Конфуция. Распространение данного проекта в мировом масштабе китайское руководство начало в начале XXI века. К концу 2009г. в 88 странах и регионах мира уже

---

[1] Кашнин В. Выйти из тени. Китай в поисках новой внешней политики.// Россия в глобальной политике. 2012.№2. 116С.

[2] Dorsey M. James. China needs to change Mideast foreign policy. [Электронный ресурс]. Режим доступа: http://www.bloomberg.com/news/2012-02-07/china-needs-to-change-mideast-foreign-policy-commentary-by-james-dorsey.html

[3] О некоторых аспектах китайской внешнеполитической стратегии в отношении стран Арабского Востока. [Электронный ресурс]. Режим доступа: http://www.ru.journal-neo.com/node/119776

[4] Ганшин И. Прочность китайской "мягкой силы".// Проблемы Дальнего Востока. 2009.№6. 36С.

было открыто 272 Института Конфуция и 88 Классов Конфуция. Применительно к странам Африки, и Арабского Востока, там были основаны 21 Институт Конфуция и 4 Класса Конфуция. [1] Данные организации способствуют популяризации китайской культуры за рубежом, и как следствие, способствуют развитию эффективных двусторонних отношений между Китаем и его стратегическими партнерами. Так, по словам члена Совета КНР и председателя Совета Института Конфуция Лю Яньдун, в период глобальных изменений в мире, культурны обмен является важнейшим фактором в достижении взаимопонимания между народами. В свою очередь, Институты Конфуция прекрасно справляются со своей миссией.[2]

Взаимоотношения Китая со странами Ближнего Востока прошли довольно длительный путь развития. Первое крупное соприкосновение Китая с государствами Ближневосточного региона произошли еще в 50-е годы XX века. Однако в тот период, их взаимоотношения были не очень обширными, и практически не включали в себя экономическое сотрудничество, что подтверждает и мнение заведующего Центром изучения Ближнего Востока Китайского Института международных исследований Ли Гофу: "В 50-х роль Китая на Ближнем Востоке в основном заключалась в поддержке арабских режимов против империализма и колониализма, в 70-х арабские страны рассматривались, как основная сдерживающая сила советского влияния в регионе."[3]

В январе 1950 Израиль стал первой страной на Ближнем Востоке, признавшим существование Китайской Народной Республики. В дальнейшем сотрудничество этих двух стран интенсивно развивалось. В 1992 году между

---

[1] Conficius Institutes in Africa. [Электронный ресурс]. Режим доступа: http://college.chinese.cn/en/node_3823.htm

[2] Working together towards the sustainable development of Confucius institutes. [Электронный ресурс]. Режим доступа: http://www.chinese.cn/conference10/article/2010-12/12/content_207940.htm

[3] О некоторых аспектах китайской внешнеполитической стратегии в отношении стран Арабского Востока. [Электронный ресурс]. Режим доступа: http://www.ru.journal-neo.com/node/119776

ними были установлены дипломатические отношения, после чего был совершен ряд дипломатических визитов как со стороны Китая, так и со стороны Израиля. Однако в 2000 году, после того как США вынудили Израиль аннулировать контракт о продаже КНР систему раннего оповещения о воздушной угрозе - Фалкон, их отношения были в значительной степени подорваны.[1] На данном примере видно, насколько пока сильно влияние США на Ближнем Востоке. Естественно, что Израиль вынужден прислушиваться к мнению руководства США, которое является его основным сторонником и защитником. Однако в последнее время вновь намечается развитие двусторонних связей Израиля и Китая, что свидетельствует об озабоченности китайской стороны относительно нарастающей напряженности на Ближнем Востоке. Израиль является для Китая важным поставщиком современных военных технологий, в частности, ему были проданы ракеты Python III и беспилотные самолеты типа Sparrow.[2] На примере взаимоотношений Китая и Израиля можно увидеть, насколько современная внешнеполитическая стратегия Китая не соответствует его формирующемуся статусу "великой державы". Фактически, данная программа не позволяет китайской позиции конкурировать с позицией официального Вашингтона. Во многих вопросах международного характера решение остается за США. Большинство государств, в том числе на Ближнем Востоке, при необходимости выбора политического и экономического партнера отдадут предпочтение США, так как они не видят в Китае крепкого союзника, способного при необходимости поддержать их в определенном вопросе. Таким образом, китайскому руководству необходимо продумать новую внешнеполитическую концепцию Китая для укрепления его международного статуса. Ближний Восток для Китая является именно тем регионом, где он может значительно укрепить свои позиции, если при этом продемонстрирует свою решительность в вопросах урегулирования тех или

---

[1] Wald Shalom. China enters the Middle East. [Электронный ресурс]. Режим доступа: http://www.jpost.com/Opinion/Op-EdContributors/Article.aspx?id=235150

[2] Нарушат ли аппетиты Китая равновесие на Ближнем Востоке?. [Электронный ресурс]. Режим доступа: http://www.inosmi.ru/world/20121127/202695186.html?id=202714259

иных международных противоречий. [1] На современном этапе развития двусторонних отношений Китая и Израиля, эти две страны придерживаются идеи "гармонии мира".[2] В соответствии с этой теорией предполагается, что ни у одной из сторон нет серьезных претензий к другой, и они не представляют никакой угрозы друг другу. Таким образом, на данный момент Китай сохраняет довольно стабильные и прагматичные отношения с Израилем, что, фактически, делает Китай единственной среди крупных мировых держав страной, которая сохраняет дружественные отношения как с ближневосточными исламскими государствами, так и с Израилем. Данная позиция дает определенные преимущества для Китая в вопросе расширении его влияния в качестве ведущего актора на мировой политической арене.

В настоящее время та внешнеполитическая стратегия Китая, которой придерживается руководство страны, становится все более недееспособной, что ярко демонстрируют негативные последствия, которые был вынужден понести Китай в результате революции в Ливии. Переде началом революции, Китай осуществлял в Ливии строительные проекты на сумму 18,8 млрд. долларов, также в стране на тот момент проживало более 35 тыс. китайских граждан. В данном случае, Китаю было совершенно невыгодно вооруженное вторжение войск НАТО (Организации Североатлантического Договора). Однако из-за того, что Россия отказалась блокировать резолюцию 1973 Совета Безопасности ООН, принятую 17 марта 2011г [3], предусматривающую возможное вторжение вооруженных сил НАТО в случае не прекращения насилия в Ливии, Китай был вынужден воздержаться от своей позиции по данному вопросу. На данный момент в международных отношениях Китай стремится заручиться поддержкой Москвы, что демонстрирует в целом реакция официального

[1] China's Middle East policy is not determined by oil. [Электронный ресурс]. Режим доступа: http://www.china.org.cn/opinion/2010-04/19/content_19853288.htm
[2] Отношения Китая и США на фоне Ирана. [Электронный ресурс]. Режим доступа: http://www.newsland.ru/news/detail/id/573707/
[3] Resolution 1973 (2011) [Электронный ресурс]. Режим доступа: http://daccess-dds-ny.un.org/doc/UNDOC/GEN/N11/268/39/PDF/N1126839.pdf?OpenElement

Пекина на нарастающие противоречия в Ближневосточном регионе. В результате насильственного свержения режима Мумара Каддафи, по данным Министерства коммерции КНР, китайские строительные компании понесли ущерб в размере 16,6 млрд. долларов. Однако, с учетом потерянных инвестиций, общий ущерб составил более 20 млрд. долларов.[1] Более того, находящиеся в стране 35 тыс. китайских граждан лишились работы, и были вынуждены покинуть Ливию. В итоге, был нанесен существенный ущерб китайской экономике, и китайское политическое присутствие в Ливии было также значительно подорвано.

Стремление Китая укрепить свои позиций на Ближнем Вотское демонстрируется и активизацией его военного присутствия в этом регионе, в частности в районе Персидского залива, что, в свою очередь, объясняется еще и желанием китайской стороны обеспечить безопасную транспортировку экспортируемых товаров в Европу. Нападения пиратов неоднократно вынуждали грузовые суда совершать более длительный и долгий путь в Европу через Африку.[2] Подобные меры негативно сказываются на экспортерах товаров, что в самом Китае может привести к потере рабочих мест, и даже разорению предприятий. Именно поэтому в последнее время китайские военные корабли совершают регулярные визиты в регион Персидского залива, один из которых произошел в апреле 2010г., когда корабли посещали морские территории ОАЭ.

Тем не менее, мнение Пекина относительно ближневосточных событий сильно зависит от позиции Москвы по тем же вопросам. На настоящий момент, Россия является основным партнером Китая в Ближневосточных делах. В свете последних событий их сотрудничество наиболее всего выразилось в отношении Сирийского конфликта и Иранского вопроса. Неоднократно Москва и Пекин использовали право вето для отклонения резолюций Совета Безопасности ООН

---

[1] Кашнин В. Выйти из тени. Китай в поисках новой внешней политики.// Россия в глобальной политике. 2012.№2. 112С.
[2] China's historic return to the Gulf. [Электронный ресурс]. Режим доступа: http://mideast.foreignpolicy.com/posts/2010/04/02/china_s_historic_return_to_the_gulf

по Сирии и Ирану. Очевидно, что стремление Москвы и Пекина сохранить существующую власть в Сирии обусловлено в первую очередь политическими мотивами. Многие исследователи, в том числе и китайские, считают, что Сирия является заключительным этапом, за которым последует усиление давления Запада на Иран, что невыгодно как России, так и Китаю.[1] Безусловно, чт поддержка России позволят Китаю еще более уаеренно отстаивать свою позицию по данному вопросу. Более того, по мере нарастания экономической и политической роли Китая на международной политической арене, его мнение по различным международным политическим вопросам будет приобретать все большую значимость.

Таким образом, в XXI веке все более заметной становится тенденция изменения внешнеполитического курса Китая, его отхода от принципа "активного невмешательства". Современные международные реалии и стремление Китая достичь статуса "великой державы" больше не позволяют китайской стороне оставаться в стороне от урегулирования многих международных вопросов. При этом Китай стремится следовать своей внешнеполитической концепции "мягкой силы", стремясь показать миру ненасильственный и конструктивный характер китайской внешней политики. В свою очередь, Ближний Восток является чрезвычайно важным с стратегической точки зрения для Китая регионом. Активизация там политики Пекина вызвана необходимостью реализации национальных интересов государства, и в первую очередь обеспечения безопасной транспортировки так необходимых развивающейся китайской промышленности энергетических ресурсов.

Китай и исламский мир

В Китае проживает значительное количество людей, исповедующих ислам. По оценкам исследователей, на данный момент общая численность данной категории населения составляет примерно 30 млн. человек. Если к

---

[1]叙利亚，“革命”没有未来(силия гемин мей йоу вей лай)Сирийская революция не имеет будущего. [Электронный ресурс]. Режим доступа: http://www.guancha.cn/tao-duan-fang/2012_09_02_94751.shtm

этому факту добавить еще и чрезвычайную заинтересованность китайского руководства в развитии отношений с исламским миром на Ближнем Востоке, то становится очевидно, что у Китая должны были сложиться совершенно уникальные отношения с исламским миром. В последнее время китайское руководство стремится сгладить все религиозные противоречия, существующие в стране, и наладить отношения с представителями различных религиозных конфессиональностей. По словам генерального секретаря Китайской Патриотической Католической Ассоциации Лиу Байняня: "В настоящее время партия в большей степени заинтересована в активной роли, которую религия может сыграть в обществе"[1]. В преддверии XVIII съезда Коммунистической партии Китая, который произошел в ноябре 2012 года, бывший президент КНР – Ху Цзиньтао заявил, что религия должна служить реализации экономических и социальных планов государства.[2]

Действительно, в Китае существуют определенные религиозные противоречия, которые вызывают негодование у всего мирового сообщества. Так, китайские мусульмане-уйгуры, живущие на северо-западе страны, периодически подвергаются дискриминации и притеснениям со стороны властей. Например, в апреле 2008 года довольно жестко был подавлен митинг мусульман, вышедших с требованием смягчить деятельность чиновников в отношении них.[3] Считается, что ужесточение мер в отношении мусульман было принято в преддверии Олимпийских игр, так как руководство опасалось возможной организации теракта со стороны мусульман. В целом, такая политика Китая в отношении национальных меньшинств вызывает недовольство международных правозащитных организаций. По их данным,

[1] Коммунистический Китай в очередной раз заигрывает с религией. [Электронный ресурс]. Режим доступа: http://islam.com.ua/news/4613/#.ULO6k4c3aPQ

[2] 胡锦涛在中共第十八次全国代表大会上所作报告(Ху Цзин Тао дзай джунгун ди ши ба цы чуаньгуо дай бьяо дахуй суо дзуо баогао. Ху Цзиньтао выступил с речью на 18 съезде Компартии Китая). [Электронный ресурс]. Режим доступа: http://www.chinanews.com/gn/2012/11-17/4336739.shtml

[3] Китай обвиняет мусульман в попытке мятежа. [Электронный ресурс]. Режим доступа: http://islam.com.ua/news/4834/#.ULO64oc3aPQ

китайским мусульманам отказано в свободе вероисповедания, свободе собраний и самовыражения.[1] Безусловно, для установления дружественных и доверительных отношений с мусульманскими странами всего мира, китайскому руководству необходимо заняться скорейшим урегулированием этого конфликта. Об активном диалоге между представителями ислама и китайской верхушкой по этому вопросу свидетельствует встреча между генеральным секретарем Организация исламского Сотрудничества (ОИС) Экмеледдином Ихсаноглу и помощником министра иностранных дел Китая Чжай Цзюня, проведенная в декабре 2010 года. Во время этой встречи было решено продолжать активное сотрудничество в урегулировании данной проблемы.[2]

Показателем развития отношений Китая с исламским миром является тот факт, что именно китайскому застройщику было доверено строительство третьей по величине мечети в мире - Джамеа эль-Кебир в Алжире.[3] Более того, это не единственный крупный строительный проект, сближающий Китай и ислам. Еще одним "мусульманским" проектом Китая, законченным в 2010 году, стала линия легкого метро от Мекки до Медины. Данная ветка метро была создана для удобства паломников, чтобы те могли беспрепятственно и с комфортом перемещаться от одной святыне к другой. Однако необходимо отметить, что не все лица, исповедующие ислам одобрили тот факт, что "немусульманские" застройщики занялись строительством данных объектов. Так, в газетах Алжира неоднократно печатались негативные отзывы читателей: "Пусть строят лучше израильтяне, они хотя бы верующие, а китайцы безбожники". Тем не менее, реализация данных проектов именно китайской стороной свидетельствует о взаимной заинтересованности и стремлении к сотрудничеству каждой из сторон.

[1] Коммунистический Китай в очередной раз заигрывает с религией. [Электронный ресурс]. Режим доступа: http://islam.com.ua/news/4613/#.ULO6k4c3aPQ

[2] Temiz Kadir. China and the Islamic world and political relations. [Электронный ресурс]. Режим доступа: http://gmsudan.com/20110103/china-and-the-islamic-world-economic-and-political-relations/

[3] Великая китайская мечеть. [Электронный ресурс]. Режим доступа: http://geolenok.ru/puteshestviya/velikaya-kitaiskaya-mechet

Развивающееся взаимопонимание Китая с мусульманскими странами вызывает серьезное недовольство Вашингтона, который с начала XXI века из-за своей агрессивной Ближневосточной политики, значительно ослабил свои позиции в этом регионе. В свою очередь, Китай, который старается занимать дружественную позицию в отношении стран этого региона, становится для них все более перспективным партнером. Заинтересованность стран исламского мира в установлении прочных экономических связей с Китаем подтверждается деятельностью их руководителей. Так, уже после завершения революции в Египте, 30 июня 2012 новый президент страны – Мухамед Мурси совершил деловой визит в Китай. Вместе с ним в Поднебесную прибыли 90 египетских бизнесменов, которые заключили 8 соглашений в области телекоммуникаций, сельского хозяйства и туризма.[1] В ответ, Китай пообещал предоставить Египту кредит в 200 млн. долларов для восстановления страны после революции.[2]

Скачок в развитии Китая с исламским миром начался после событий 11 сентября 2001г, в результате которого были серьезно подорваны отношения США со странами, где большинство населения исповедует ислам. После этих событий Китай стремится привлечь на свою территорию как можно больше инвесторов из мусульманских стран. Для достижения своих целей китайские исследователи начали активно изучать основные идеи мусульманского финансового права. Исламские принципы в области финансов представляют совершенно иную систему в отличие от западных. Мусульманская система основана на следующих принципах: запрет на проценты, на спекулятивные сделки, на инвестирование в отрасли, не разрешенные верой.[3] Кроме того, исламские банки вместе с клиентами участвуют в распределении рисков и

---

[1] США и Китай, а между ними – Исламский мир. [Электронный ресурс]. Режим доступа: http://golosislama.ru/news.php?id=12650

[2]外媒:穆尔西访华显露从根本上结束依赖西方战略(вайми: Муерси фанхуа сиенлю цонген беншан дзиешу илай сифан джанлюэ. Иностранные СМИ: Мурси прибыл с официальным визитом в Китай, чтобы продемонстрировать окончательный отход Египта от Западной стратегии).[Электроный ресурс]. Режим доступа: http://www.chinanews.com/gj/2012/08-30/4145796.shtml

[3] Нырова Наталья. И нтеграция с исламским правом: активная позиция Китая. [Электронный ресурс]. Режим доступа: http://islamic-finance.ru/news/2009-12-22-279

прибыли по кредитам. Такой подход делает банковскую систему более стабильной и более привлекательной для новых клиентов. Более того, китайские экономисты убеждены, что следование некоторым аспектам мусульманского финансового право позволит решить многие насущные проблемы китайской экономики, такие как развитие отсталых западных регионов страны (преимущественно мусульманских) и смягчение межрелигиозных трений на территории Китая.[1]

Даже в области внедрения преобразований финансовую систему страны можно увидеть то, с какой осторожностью относится китайское руководство к внесению изменений в существующие принципы. Так, чтобы посмотреть насколько результативным будет следование некоторым основам исламского права, официальный Пекин определил два района в стране, где будет активно развиваться сотрудничество с исламским капиталом. Такими экспериментальными площадками стали Гонконг и Нинся-Хуэйский автономный район. Выбор Гонконга – довольно очевидный, так как за ним закрепилось название "свободных ворот в Китай" и он является внешнеэкономически привлекательным для инвесторов.

Идея развивать отношения с исламскими странами Большого Ближнего Востока через применение принципов и финансовой политики довольно быстро показала свою результативность. Уже в сентябре 2005 года Кувейт создал компанию, специализирующуюся на инвестициях в Китай, в основном, в телекоммуникации, недвижимость и нефтехимию. А в 2007 году Гонконг объявил о намерении создать у себя рынок исламских облигаций, который станет центром исламских финансов всего китайского региона Юго-Восточной Азии.

В Нинся-Хуэйском районе, расположенном в северо-западной части Китая, проживает значительное количество мусульманского населения Китая.

---

[1] Нырова Наталья. И нтеграция с исламским правом: активная позиция Китая. [Электронный ресурс]. Режим доступа: http://islamic-finance.ru/news/2009-12-22-279

Поэтому в этом районе, фактически, работа велась напрямую с мусульманами. В крупнейшем банке Нинся в 2009 году было открыто мусульманское отделение.[1] Более того, к высшему руководству банка стали привлекаться и мусульмане. В этом районе опыт сотрудничества с исламскими финансами также оказался успешным.

Таким образом, несмотря на наличие определенных препятствий на пути расширения сотрудничества Китая с исламскими странами, их взаимодействие набирает обороты под влиянием обоюдного желания урегулировать все противоречия и установить стабильные торгово-экономические и культурные связи. На данный момент наиболее серьезной преградой для дальнейшего расширения связей Китая с мусульманскими странами остается ущемление в правах мусульманского меньшинства в Китае. Однако последние заявления политических лидеров государства дают надежду на возможное изменение политического курса страны в данной области.

[1]宁夏银行获准在国内首家试点开办伊斯兰银行业务 (Нинся инхан хуоджун дзай гуоней шоуцзя шидиан кайбань исылань инхан йеву. Банк Нинся как испытательная площадка для применения исламского банкинга.) [Электронный ресурс]. Режим доступа: http://www.nx.xinhuanet.com/newscenter/2009-12/25/content_18599818.htm

Глава II. Политический кризис в ближневосточном регионе и позиция Китая.

Иранский вопрос

С середины 2000-х мировое сообщество обеспокоено процессом обогащения урана в Иране, так как по мнению некоторых государств, это может привести к появлению в арсенале Тегерана ядерного оружия, что даст Ирану определенные козыри для ведения внешней политики, а также может стать причиной появления ядерной угрозы миру в целом. Западный мир опасается превращения Ирана в ведущую державу на Ближнем Востоке, и принимает ряд сдерживающих мер, наиболее эффективным из которых является введение санкций. Начиная с 2006 года СБ ООН вводит различные экономические санкции по отношению к Ирану. Резолюцией 1696 от 31 июля 2006г., СБ ООН еще не устанавливает жестких экономических ограничений, а требует от Ирана приостановки всей деятельности, связанной с обогащением и переработкой урана, а также прекращения любых исследований в данной области.[1] При этом, члены СБ ООН призывают "все государства предотвращать передачу любых средств, материалов, предметов и технологий, которые могли бы содействовать деятельности Ирана, связанной с обогащением и переработкой и программами по баллистическим ракетам." Однако, в связи с тем, что переговоры с иранским правительством не увенчались успехом, и Иран продолжил развитие проектов по обогащению урана, мировое сообщество было вынуждено пойти на ужесточение санкции в отношении Ирана. Так, в резолюции 1747 от 24 марта 2007г., вводится ограничение "на предоставление правительству Исламской Республики Иран субсидий, финансовой помощи и льготных кредитов, за исключением тех, которые предусмотрены для гуманитарных целей и целей развития".[2] Так же, Ирану запрещается продавать и приобретать любые вооружения, и связанные с ними материальные средства.

---

[1] Resolution 1696 (2006). [Электронный ресурс]. Режим доступа: http://daccess-dds-ny.un.org/doc/UNDOC/GEN/N06/450/22/PDF/N0645022.pdf?OpenElement
[2] Resolution 1747 (2007). [Электронный ресурс]. Режим доступа: http://daccess-dds-ny.un.org/doc/UNDOC/GEN/N07/281/40/PDF/N0728140.pdf?OpenElement

В последствии, из-за невыполнения Ираном условий резолюций, в резолюции 1929 от 9 июня 2010г., в отношении Ирана были введены еще более жесткие политические и экономические ограничения. [1] Еще больше экономику Ирана загоняют в тупик санкции, принятые в одностороннем порядке США, последние из которых вступили в силу 6 февраля 2013 года. В соответствии с этими санкциями, иностранным компаниям, сотрудничающим с иранскими, будет закрыт доступ к американским банкам. Очевидно, что США в данной ситуации стремятся как можно больше ослабить власть Махмуда Ахмадинежада, ведущего антиамериканскую политику. В свою очередь, ядерная проблема используется американской стороной как один из предлогов к началу антииранской деятельности.

Большинство европейских государств полностью поддерживают введение санкций, тогда как некоторые азиатские страны, в том числе и Китай, пытаются способствовать ослаблению санкций, так как их применение наносит ущерб тесным торгово-экономическим отношениям с Ираном. Безусловно, что Иран, являясь крупной нефтедобывающей державой, привлекает к себе внимание растущей экономики Китая. Китай неуклонно наращивает свое экономическое присутствие в Иране. Согласно международным оценкам, Китай является потребителем 22% иранского нефтяного экспорта. В свою очередь, объем взаимной торговли между этими странами в 2010 году составил 30 млрд. долларов, и, по прогнозам экспертов, должен увеличиться до 50 млрд. долларов к 2015 г. [2] Более того, Китай является крупнейшим инвестором в нефтедобывающую и другие отрасли Ирана. Так, посол Китая в Тегеране - Ю Хонгян заявил, что "Пекин готов инвестировать в производство в Иране алюминия, стали, горнодобывающую и специальную обрабатывающую зону

[1] Resolution 1929 (2010). [Электронный ресурс]. Режим доступа: http://daccess-dds-ny.un.org/doc/UNDOC/GEN/N10/396/79/PDF/N1039679.pdf?OpenElement

[2] Белобров Ю. Пекин и иранский ядерный кризис. [Электронный ресурс]. Режим доступа: http://www.intelros.ru/readroom/mir-i-politika/m11-2012/16958-pekin-i-iranskiy-yadernyy-krizis.html

персидского залива (Persian Gulf Special Economic Zone (PGSEZ))".[1] Более того, продолжает расти и сотрудничество Китая и Ирана в военной сфере. Китай поставляет в Иран современные ракеты и ракетные технологии. Поставки включают в себя противокорабельные ракеты "Шелкопряд", крылатые ракеты "земля-земля" и другие. Пекин также оказывал Ирану помощь в разработке баллистических ракет дальнего действия "Шихаб -3" и "Шихаб - 4". [2] С учетом многопрофильного взаимодействия двух стран, безоговорочное следование международным экономическим санкциям со стороны Китая в отношении Ирана, привело бы к значительному экономическому ущербу для обеих государств.

Некоторые западные исследователи считают, что Китай напрямую заинтересован в отстаивании за Ираном права на обладание ядерным оружием. По мнению Бена Симпфердорфера - главы отделения китайской экономики Королевского Банка Шотландии, для Китая, имеющего с США довольно напряженные отношения, ядерное разоружение Ирана будет совершенно невыгодно как с политической, так и с экономической точки зрения. [3] Безусловно, с политической точки зрения Китая видит в Иране союзника для противостояния с США в борьбе за влияние в Персидском заливе и Ближневосточном регионе. Действительно, с одной стороны, отстаивание за Ираном права использовать ядерное оружие в мирных целях позволит Китаю ослабить позиции США в регионе. Так, по словам Джона Гарьера, профессора международных отношений Технологического института Джорджии:

[1] Китай намерен сделать крупные инвестиции в Иран. [Электронный ресурс]. Режим доступа: http://ubr.ua/ukraine-and-world/world/kitai-nameren-sdelat-krupnye-investicii-v-iran-205105
[2] Gundzik J.P. The ties that band Russia, China and Iran. [Электронный ресурс]. Режим доступа: http://www.atimes.com/atimes/China/GF04Ad07.html
[3] China's historic return to the Gulf. [Электронный ресурс]. Режим доступа: http://mideast.foreignpolicy.com/posts/2010/04/02/china_s_historic_return_to_the_gulf

"Китайское руководство видят в Иране огромный потенциал, не только экономический, но и военный и политический."[1]

Однако, с другой стороны, в целом китайское руководство является активным сторонником политики разоружения. Ведь Китай граничит сразу с четырьмя странами, обладающими оружием массового уничтожения: Россией, Индией, Пакистаном и Северной Кореей. Безусловно, возникновение ядерной угрозы на Ближнем Востоке так же не входит в ряд интересов Китая. По заявлению бывшего премьера Госсовета КНР Вэнь Цзябао: "Китай стремится к созданию безъядерной зоны на Ближнем Востоке." [2] Однако Китай не устраивает американское стремление единолично контролировать ядерную ситуацию на Ближнем Востоке, в том числе в Иране, считая, что одно государство не должно играть ведущую роль в вопросах ядерной безопасности, так как данные проблемы должны находиться в компетенции мирового сообщества в целом.[3]

На протяжении довольно длительного периода времени действия санкций, Китай не был их сторонником, и призывал к их смягчению, а также настаивал на возобновлении переговорного процесса с Ираном. Начиная с 2006 г., официальный Вашингтон убеждает Китай в необходимости прекратить сотрудничество с Ираном в энергетической сфере, так как по мнению Белого Дома, подобные ограничения будут способствовать прекращению развития в Иране ядерной программы. Независимый аналитик и автор "Foreign Policy Journal" Абдулхасем Байянат пишет, что "официальный Вашингтон считает необходимым лишить Иран основного источника дохода от экспорта энергоносителей на длительное время, запретив иностранные инвестиции

[1] China's ties with Iran complicate Dimoplacy. [Электронный ресурс]. Режим доступа: http://www.nytimes.com/2009/09/30/world/asia/30china.html

[2] **温家宝**：应保证霍尔木兹海峡畅通 (Вэнь Цзябао: ин баоджен хуоермуцзи хайсия чантунг. Вэнь Цзябао: Ормузский пролив должен быть открыт для судоходства.) [Электронный ресурс]. Режим доступа: http://news.xinmin.cn/rollnews/2012/01/20/13396627.html

[3] Лузянин С. Китай на пути к "сверхдержаве": сколько осталось пройти?// Обозреватель-Observer. 2011.№4.85С.

в добычу нефти и природного газа, исключив Иран из международной системы реализации этих продуктов, так как именно доходы, получаемые от экспорта энергоносителей, позволяют правительству Ирана финансировать свою ядерную программу."[1] В ответ на давление американской стороны, посол Китая в Соединенных Штатах Ву Цзяньминь осенью 2009г. заявил , что "американцы слишком нетерпеливы. Мы должны вести переговоры с иранцами. Это лучший способ урегулировать наши разногласия". [2] При этом официальный Пекин придерживается мнения о том, что Иран имеет право использовать ядерную энергию, но только в мирных целях, а также что нельзя из-за существующей "иранской проблемы" заставлять страны, имеющие с Ираном крепкие торговые отношения, ограничивать с ним сотрудничество. В марте 2010 года Китай вместе с Россией пытались убедить Тегеран отправлять уран на обогащение в Россию и Францию.[3] Если бы Тегеран согласился на подобные условия, то его перестали бы обвинять в стремлении использовать уран в военных целях. Однако, достичь консенсуса так и не удалось. Позицию о мирном урегулировании иранского вопроса китайское руководство в очередной раз подтвердило зимой 2012г., когда возникала угроза возможного перекрытия Ормузского пролива. По заявлению премьера Госсовета КНР Вэнь Цзябао на пресс-конференции в Катаре: "Любые экстремистские действия в отношении Ормузского пролива, какими бы обстоятельствами они ни были вызваны, будут направлены против общих интересов людей в мире" [4], - сказал он, добавив, что этот важнейший путь перевозки нефти должен быть открыт для судоходства.

Тем не менее, с начала 2012 года политика Китая по отношению к Ирану претерпела некоторые изменения. Некоторые американские и российские

---

[1] Kourosh Ziabari. Israel and the futility of attacking Iran. [Электронный ресурс]. Режим доступа: http://www.foreignpolicyjournal.com/2011/07/18/israel-and-the-futility-of-attacking-iran/
[2] Китай призывает к переговорам с Ираном вместо санкций. [Электронный ресурс]. Режим доступа:
[3] Russia, China, press Iran on nuclear program. [Электронный ресурс]. Режим доступа: http://www.ynetnews.com/articles/0,7340,L-3867643,00.html
[4]温家宝：应保证霍尔木兹海峡畅通 (Вэнь Цзябао: ин баоджен хуоермуцзи хайсия чантунг. Вэнь Цзябао: Ормузский пролив должен быть открыт для судоходства.) [Электронный ресурс]. Режим доступа: http://news.xinmin.cn/rollnews/2012/01/20/13396627.html

аналитики считают, что эти изменения связаны с усиливающимся давлением Вашингтона на Китай. Китайское руководство заметив нарастание напряженности вокруг иранской ядерной программы, несколько изменило свое к ней отношение для того, чтобы минимизировать возможные потери для государства. После обострения ситуации вокруг Ирана зимой 2011-2012гг., Китай стал опасаться возможного вторжения войск США и Израиля на территорию Ирана, что могло бы привести к крупным экономическим потерям. Для того, чтобы обезопасить свои капиталы, китайская сторона замедлила реализацию многих инвестиционных проектов в нефтедобывающую инфраструктуру Ирана. Данный факт вызвал резкую критику со стороны Тегерана, который пригрозил Китаю "аннулированием лицензий" на добычу нефти. После этого заявления Китай постепенно стал возобновлять поток инвестиций. Желание Ирана всеми возможными мерами заручиться поддержкой Китай вполне объяснимо, так как значительная доля европейских финансов покинула страну после введения в отношении Ирана экономических санкций, и по оценкам исследователей, без китайских инвестиций в сферу добычи углеводородов, к 2015 году Иран не сможет экспортировать нефть.[1] Однако стоит добавить, что даже в столь напряженный период, Пекин не прекращал поставки оружия на территорию Ирана, невзирая на яростное возмущение США. Подобное поведение китайской стороны подтверждает стремление Китая придерживаться относительно выжидательной позиции по иранскому вопросу, а также желание сохранить нормализованные отношения с существующим режимом Махмуда Ахмадинежада с минимальными потерями.

Россия, также имеющая развитые торгово-экономические отношения с Ираном, является основным союзником Китая по иранскому вопросу. Две эти страны, являющиеся постоянными членами СБ ООН неоднократно высказывали свое недовольство ужесточением режима санкций. В связи с этим некоторые исследователи выдвигают предположения, в соответствии с

[1] Китай - Иран. Расширение экономического сотрудничества. [Электронный ресурс]. режим доступа: http://ribc-tpprf.ru/news/kitay-iran-rasshirenie-ekonomicheskogo-sotrudnichestva

которыми, в случае кардинальной смены политики России, изменится и позиция Китая по иранскому вопросу, который не пожелает остаться единственным противником санкций. По словам китайского аналитика Ши Инхона, если Россия по какой-то причине поддержит введение новых санкций, то Китай будет добиваться лишь их обоснованности и целесообразности, но уже не будет пользоваться правом вето.[1] Как бы в дальнейшем не стали развиваться события, благодаря своей аккуратной политике Китай будет стремиться сохранить нормализованные отношения как с западным миром, так и с Ираном.[2]

Одним из главных показателей трансформации внешней политики Китая стало его активное участие в урегулировании вопроса иранской ядерной программы. В отношении Ирана Китай стремится следовать своей внешнеполитической концепции "мягкой силы", настаивая на обоюдном и мирном урегулировании проблемы. При этом, однако, Китай не прекращает развития отношений с Ираном, чем проявляет свое нежелание следовать указаниям США и западного мира в целом. Таким образом Китай дает понять, что он является серьезным внешнеполитическим игроком, который может играть по собственным правилам.

Революция в Сирии

После так называемой "арабской весны", начавшейся зимой 2010 года, на Ближнем Востоке не прекращается череда революций и вооруженных столкновений. Уже свергнуты режимы Муамара Каддафи в Ливии и Хосни Мубарака в Египте. При этом смена власти не принесла гражданам этих стран демократию и свободу, за которую якобы сражались оппозиционные войска. Совсем наоборот, свершение революции привело к значительному экономическому упадку и политическому кризису в этих странах, которые,

---

[1] China's ties with Iran complicate Diplomacy. [Электронный ресурс]. Режим доступа: http://www.nytimes.com/2009/09/30/world/asia/30china.html

[2] Браун Керри. Китай, Иран и США. [Электронный ресурс]. Режим доступа: http://www.inosmi.ru/world/20100225/158319434.html

фактически, сейчас находятся в состоянии гражданской войны. Негативный опыт Ливии и Египта ни коим образом не повлиял на сирийскую оппозицию. До сих пор ожесточенной борьбой охвачена Сирия, которая находится в состоянии революционной войны с марта 2011 года. До настоящего момента не только не наступило урегулирование противоречий между сирийским правительством и оппозицией, но произошло еще большее обострение ситуации, которая, вероятно, не разрешится в ближайшее время. Многие китайские аналитики придерживаются мнения, согласно которому в Сирии уже значительно долгое время накапливались социальные и политические противоречия, но толчок к началу противостояния дали именно идеи, принесенные с Запада. Многие представители международных информационных агентств, в том числе и китайских, считают, что без вмешательства внешних сил официальным Дамаском были бы давно подавлены большинство очагов восстания. [1] Однако организация поставок оружия оппозиционерам со стороны западных государств приводит к тому, что противостояние лишь набирает обороты. Участие западных держав в этом конфликте носит очевидный политический подтекст. Некоторые аналитики считают, что Сирия - это последний рубеж перед Ираном, который является ярым сторонником официального режима Башара Асада и на который также оказывается серьезное давление со стороны западных государств, и, прежде всего, со стороны США.

Впервые официальные дипломатические отношения между Китаем и Сирией были установлены еще 1 августа 1956 года. С этого момента началось активное сотрудничества этих государств по международным и внутригосударственным вопросам. [2]Так, например, Сирия неизменно остается сторонником политики "одного Китая" в отношении Тайваня и Тибета, а Китай,

---

[1]叙利亚，"革命"没有未来(силия гемин мей йоу вей лай)Сирийская революция не имеет будущего. [Электронный ресурс]. Режим доступа: http://www.guancha.cn/tao-duan-fang/2012_09_02_94751.shtm

[2] China and Syria. [Электронный ресурс]. Режим доступа: http://www.fmprc.gov.cn/eng/wjb/zzjg/xybfs/gjlb/2888/t16428.htm

в свою очередь, поддерживает право Сирии на возврат оккупированных Голанских высот. В течение всей второй половины XX века, эти две страны продолжали наращивать свое сотрудничество в области энергетики, инфраструктуры, сельского хозяйства и культуры. Скачок в развитии двусторонних взаимоотношений произошел после прихода к власти в Сирии в 2000 году Башара Асада, который объявил развитие взаимоотношений с Китаем приоритетным направлением сирийской внешней политики. Первая встреча между Башаром Асадом и бывшим еще тогда заместителем Председателя КНР Ху Цзиньтао состоялась в 2001 году и ознаменовала новый этап в развитии взаимоотношений между этими странами.[1] Уже в июне 2004 года Башар Асад совершил свой первый официальный визит в Китай, что способствовало лишь укреплению дружественных связей и торгового партнерства. Китайская сторона заявила о намерении инвестировать значительные средства в развитие сирийской нефтегазовой инфраструктуры. В 2005 году между Сирией и Китаем было подписано соглашение о туризме, следствием заключения которого стало увеличение потока китайских туристов в Сирию.[2] О нарастающем уровне торгово-экономического сотрудничества говорит торговый баланс между этими странами. В 2007 году объем торговли между этими государствами достиг 1,87 млрд долларов, что на 32,9 % больше, чем в 2006 году. К началу 2011 года этот объем практически удвоился. Более того, Сирия является довольно крупным рынком сбыта для китайских товаров, и до начала вооруженных столкновений в Сирии в марте 2011 года, Китай являлся крупнейшим экспортером товаров на территорию Сирии. Так, около 10% всех своих товаров Сирия импортировала из Китая.[3]

---

[1] Zambelis Chris. China tests its mettle in Syria. [Электронный ресурс]. Режим доступа: http://www.ikners.com/2012/03/17/china-china-tests-its-mettle-in-syria-by-chris-zambelis/

[2] China, Syria steadily promote bilateral cooperation. [Электронный ресурс]. Режим доступа: http://english.sina.com/china/1/2008/0330/152552.html

[3] Syria import and Export Indicators and Statistics at a glance. [Электронный ресурс]. Режим доступа: http://www.economywatch.com/world_economy/syria/export-import.html

Безусловно, объем торговли Китая с Сирией значительно меньше, чем с другими странами Ближневосточного региона, например, с Ираном, но Сирия является еще и постоянным геостратегическим партнером Китая в этом регионе. Эти государства на протяжении всего периода развития сотрудничества отстаивали идею невмешательства других стран во внутренние проблемы государств. В условиях революционной войны в Сирии Китай продолжает оставаться активным сторонником режима Башара Асада. Основным международным союзником Китая по этому вопросу является Россия. В июне 2012 года в международных СМИ стали распространяться слухи о намерении России, Китая и Ирана провести военные учения на территории Сирии.[1] Не смотря на то, что эта информация так и не была официально подтверждена, в определенный момент вызвала обеспокоенность других государств. Китай совместно с Россией наложили вето уже на три резолюции СБ ООН по Сирии. По оценкам китайских представителей, принятие проекта резолюции, поддерживающей смену власти в Сирии, станет для оппозиции официальным подтверждением благосклонного к ней отношения Западных стран, что приведет лишь к ожесточению наступления.[2] По словам представителя китайского МИДа - Хуа Чуньина: "Китай всегда считал политическое урегулирование единственным верным путем разрешения ситуации в Сирии."[3]

После свержения режимов в Ливии и Египте, китайские компании лишились части стратегически важных контрактов, в том числе и нефтяных. В результате, возникла необходимость заново выстраивать отношения с новыми властями, что привело к значительным экономическим потерям. Негативный опыт, полученный Китаем в этих странах привел к тому, что по отношению к

[1] Iran, Russia, China, Syria plan largest 'war game'. [Электронный ресурс]. Режим доступа: http://www.jpost.com/MiddleEast/Article.aspx?id=274425

[2] Китай защищает свою позицию по Сирии. [Электронный ресурс]. Режим доступа: http://www.bbc.co.uk/russian/international/2012/02/120205_syria_china_russia.shtml

[3] Удастся ли Китаю остаться в стороне от сирийского кризиса? [Электронный ресурс]. Режим доступа: http://www.golos-ameriki.ru/content/china-syria/1551570.html

Сирии и, в том числе, к Ирану, китайская сторона занимает более жесткую позицию и стремится минимизировать ущерб для своих национальных интересов. Свержение режима в Сирии приведет к потере еще одного геостратегического партнера Китая на Ближнем Востоке, и, как следствие, лишит его еще одной точки опоры для распространения влияния в этом регионе. Именно по этой причине вмешательство Китая в сирийскую проблему становится неизбежным.

По мнению некоторых исследователей, попытки Китая вмешаться в сирийский конфликт совершенно бессмысленны, так как все-таки Китай не обладает в Сирии теми активами, которые он имеет, например, в Иране. Следовательно, Китаю совершенно незачем беспокоиться за свое экономическое присутствие в Сирии. Такой точки зрения придерживается научный сотрудник Международного института стратегических исследований - Сара Рейн.[1] Однако, с другой стороны, активное отстаивание позиции Китая по Сирии является показателем его растущего влияния на мировые политические процессы в целом. Сирия для Китая является своего рода тестовой площадкой для того, чтобы опробовать и оценить результативность новой внешнеполитической концепции "мягкой силы". Безусловно китайскому руководству придает уверенности и тот факт, что позиция России по сирийскому вопросу полностью соответствует китайской. Согласованность действий двух крупнейших мировых стран, являющихся постоянными членами СБ ООН оказывает значительную роль на принятие стратегически важных решений мировым сообществом.

Таким образом, отстаивание Китаем твердой позиции относительно сирийской революции стало еще одним показателем изменений в его внешнеполитической концепции. На примере Сирии видно, что Китай, учась на совершенных ошибках, стремится занять наиболее выгодную позицию,

[1] Удастся ли Китаю остаться в стороне от сирийского кризиса? [Электронный ресурс]. Режим доступа: http://www.golos-ameriki.ru/content/china-syria/1551570.html

требующую минимальных затрат. Выступая категорически против военной интервенции западных государств на территорию Сирии, китайское руководство в очередной раз демонстрирует приверженность политике "мягкой силы". Одновременно, не допуская западные государства на территорию Сирии, Китай не позволяет им расширить свое присутствие в Ближневосточном регионе. Безусловно, давление на официальный Дамаск со стороны мирового сообщества остается довольно сильным, и маловероятно, что противостояние в Сирии скоро прекратится.

Африка - как альтернативный источник сырья и рынок сбыта для КНР.

Руководство Китайской Народной Республики начало вмешиваться в африканские дела еще с конца 50-х годов XX века, поддерживая африканские страны в их стремлении к достижению независимости и освобождению от западной экспансии. Однако пика своего экономического проникновения в страны Африки Китай достиг именно к началу XXI века. Африканский континент приобрел статус приоритетного направления китайской внешней политики. Для Китая Африка является чрезвычайно привлекательным регионом по нескольким причинам. Во-первых, на территории Африки сосредоточены огромные ресурсы природного нефти и газа. По оценкам исследователей, на территории Африки находятся 30–40% разведанных мировых запасов сырья[1]. В свою очередь, Китай на данный момент получает из Африки 28% своего нефтяного импорта, и стремится иметь стратегически важного экономического партнера в лице африканских нефтедобывающих государств.[2] Во-вторых, страны Африки являются перспективным рынком для инвестиционных капиталовложений. В-третьих, данный регион представляет собой крупный рынок для сбыта многочисленных товаров китайского производства. В-четвертых, в развитии взаимоотношений Китая со странами Африки имеются и политические мотивы. Китайское руководство видит в африканских

---

[1]Дейч Татьяна. Китай "завоевывает" Африку. [Электронный ресурс]. Режим доступа: http://russiancouncil.ru/inner/?id_4=547

[2] Битва Китая и Запада за природные ресурсы Африки. [Электронный ресурс]. Режим доступа: http://topwar.ru/7309-bitva-kitaya-i-zapada-za-prirodnye-resursy-afriki.html

государствах перспективных союзников в международных организациях, и мире в целом. Что наиболее важно, они представляют собой оппозицию США, и поддерживают Китай в Тайванском вопросе. Китай, в свою очередь, заявил о готовности начать широкомасштабное сотрудничество с Африканскими государствами, если те будут оказывать поддержку по проблемам Тайваня. На данный момент дипломатические отношения с КНР имеют 50 государств Африки. Лишь 4 страны: Буркина-Фасо, Гамбия, Свазиленд, Сан-Томе и Принсипи отказываются признать власть Пекина над Тайванем, и поэтому не имеют дипломатических связей с Пекином.[1]

В отношении Африканского континента китайское руководство придерживается своей основной внешнеполитической концепции "мягкой силы". Именно следование этой стратегии позволяет Китаю укреплять свое политическое и экономическое присутствие в странах Африки. Ярким примером является политика Китая в отношении Судана. По оценкам экспертов, на всем африканском континенте наибольшими запасами нефти обладает Судан, и его запасы сравнимы с количеством нефти, находящейся на территории Саудовской Аравии. Безусловно, столь значительный источник природных энергетических ресурсов привлекает к себе внимание ведущих мировых держав. Уже сейчас очевидно, что за обладание нефти в Судане главными противниками стали США и Китай. Однако, на данный момент Китай больше преуспел в укреплении своих позиций в Судане, что объясняется тем, что Китай предоставляет африканским странам, в том числе Судану, беспроцентные кредиты, а также строит дороги, школы и больницы. С другой стороны, США стремятся контролировать африканскую экономику путем давления и выставления жестких экономических и политические условий.[2] В

[1] Hofstedt Todd A. China in Africa. [Электронный ресурс]. Режим доступа: http://www.usnwc.edu/getattachment/52b59501-ad3e-4d14-a797-5e1351d6bce0/China-in-Africa--An-AFRICOM-Response---Todd-A--Hof

[2] Hofstedt Todd A. China in Africa. [Электронный ресурс]. Режим доступа: http://www.usnwc.edu/getattachment/52b59501-ad3e-4d14-a797-5e1351d6bce0/China-in-Africa--An-AFRICOM-Response---Todd-A--Hof

итоге, благодаря следованию данному политическому курсу, Китай постепенно сужает сферу присутствия США на территории Судана, и Африканского континента в целом, а также захватывает все большую долю африканского инвестиционного рынка. Китайская национальная нефтяная корпорация (China National Petroleum Corporation (CNPC)) является самым крупным суданским иностранным инвестором, уже вложившим 5 млрд. долларов в разработку нескольких нефтяных месторождений.[1] Более того, данная корпорация является владельцем 40% акций Большой нильской компании по добыче нефти (Greater Nile Petroleum Operating Company (GNPOC)), которая управляет двумя самыми важными месторождениями нефти в Западной Верхне-Нильской провинции в Судане. На 2009 год Судан являлся четвертым по величине источником сырья для Китая, и количество нефти, импортируемой Китаем из Судана, продолжает неуклонно расти.

О расширении сотрудничества говорит и торговый баланс. Если в 1995 году торговля между Китаем и африканскими странами составляла 3 млрд. долларов, то к 2005 году она достигла 32 млрд. долларов, а к 2011 году торговый баланс достиг рекордной цифры в 150 млрд. долларов.[2] По словам бывшего председателя КНР - Ху Цзиньтао: "Китайские компании и финансовые институты примут участие в транснациональном и трансрегиональном инфраструктурном развитии в Африке".[3] Данные слова, произнесенные политическим лидером Китая говорят о стремлении Китая укреплять сотрудничество со странами Африки.

Способствует расширению сотрудничества также созданный в 2000 году форум "Китай-Африка". Конференции проходят раз в три года поочередно, то в странах Африки, то в Китае. На этих съездах обсуждаются существующие

---

[1] США, Китай и нефть в Судане и Чаде. [Электронный ресурс]. Режим доступа: http://www.iimes.ru/?p=9165

[2] Never too late to scramble. [Электронный ресурс]. Режим доступа: http://www.economist.com/node/8089719

[3] Китайская политика в Африке. [Электронный ресурс]. Режим доступа: http://voprosik.net/kitajskaya-politika-v-afrike/

проблемы, а также принимаются решения о предоставлении кредитов со стороны Китая, и возможные пути расширения торгово-экономического и культурного сотрудничества. В июле 2012 года в Пекине прошла пятая конференция форума "Китай-Африка", и одним из важнейших результатов переговорного процесса стало то, что китайская фармацевтическая корпорация "Фу Синь Ияо" объявила о намерении осуществить поставку антиинфекционных препаратов в более чем 40 африканских стран.[1] Подобными действиями Китай стремится продемонстрировать мировому сообществу, что он не просто "захватывает африканский рынок энергоресурсов", но и заинтересован в улучшении условий жизни жителей африканского континента. Китай действительно активно инвестирует финансы в строительство коммуникаций, школ, больниц и других необходимых учреждений в Африке. Так, во время визита в Китай в апреле 2012 года президента Южного Судана - Сальвы Киира, было достигнуто решение о предоставлении Южном Судану финансирования в размере 8 млрд. долларов на строительство дорог и мостов, а также развитие сельского хозяйства. Еще одним примером активного вложения китайцами денег в развитие Африки является строительство Центра конференций Африканского союза в Аддис-Абебе, столице Эфиопии.[2] Торжественное открытие здания состоялось в январе 2012 года, оно является самым высоким в стране и представляет собой символ развивающейся Африки. Также на данный момент в Анголе, Камеруне и Кении функционируют заводы по сборке китайских легковых машин, автобусов и грузовиков.[3]

---

[1]复星医药将在科特迪瓦成立新公司 (фу син и яо дзиан дзай кетедива ченли син гунсы. "Фу син ияо" намерена открыть свой филиалв Кот-д'Ивуаре). [Электронный ресурс]. Режим доступа: http://district.ce.cn/zg/201207/19/t20120719_23507884.shtml

[2]非盟峰会不满西方干涉内政 赞中国发展模式. (феймен фейхуй буман сифан ганше нейджен дзан джунгуо фаджан моши. Участники саммита Африканского союза высказывают недовольство вмешательством Запада во внутренние дела Африки, и одобряют китайскую модель развития.) [Электронный ресурс]. Режим доступа: http://news.022china.com/2012/01-31/612474_0.html

[3] Кашнин В. Выйти из тени. Китай в поисках новой внешней политики.// Россия в глобальной политике. 2012.№2. С.112

Политика, проводимая Китаем в Африке, является вполне приемлемой для большинства Африканских стран, и, в результате, их лидеры идут на сближение с официальным Пекином.[1] Однако укрепление Китая в Африке вызывает возмущение стран Запада, которые теряют там свои позиции. В итоге, многие европейские страны обвиняют Китай в исключительно корыстных целях проникновения в страны Африки, и пытаются использовать информационный ресурс для ослабления позиций Китая в регионе. В западных СМИ появлялась даже информация о том, что "лик китайского неоколониализма более опасен и кровожаден, чем классический западный колониализм".[2] В ответ китайские СМИ делают акцент на социальной направленности действий Китая, напоминая о создании новых рабочих мест, участии в развитии инфраструктуры, и т.д. В свою очередь, политические представители Китая в Африке также неоднократно опровергали подобные заявления и защищали позиции политики Китая в Африке. Так, по словам директора департамента по Африканским делам при Министерстве Иностранных дела Китая - Лу Шая: "Китай не игнорирует проблемы, существующие в Африканских странах, а лишь ведет политику противоположную западной".[3] Его позицию поддерживает и экономический атташе в Эфиопии - Ян Сяо Ган: "Китай уважает и поддерживает политический курс стран Африки."[4]

Китай является активным сторонником сохранения мира и стабильности в Африке. По словам директора Института Мира и Безопасности в Эфиоппии - Мулугуеты Гебревот, в стремлении Китая добиться стабильности в Африке нет ничего удивительного, ведь китайское руководство стремится расширять

---

[1] China in Africa: developing ties. [Электронный ресурс]. Режим доступа: http://news.bbc.co.uk/2/hi/africa/7086777.stm

[2] Самсонов Александр. Битва Китая и Запада за природные ресурсы Африки. [Электронный ресурс]. Режим доступа: http://topwar.ru/7309-bitva-kitaya-i-zapada-za-prirodnye-resursy-afriki.html

[3] China wants peace in Africa. [Электронный ресурс]. Режим доступа: http://www.globalissues.org/news/2012/10/13/15045

[4] China in Africa: developing ties. [Электронный ресурс]. Режим доступа: http://news.bbc.co.uk/2/hi/africa/7086777.stm

торговое сотрудничество, что возможно лишь в условиях мира.[1] Для того чтобы укрепить свой авторитет глазах африканских лидеров последнее время Китай все чаще становится участником миротворческих операций, проводимых под эгидой ООН. В настоящий момент контингент китайских миротворческих войск в Африке составляет около 3 тыс. человек, которые участвуют во погашении конфликтных ситуаций в "горячих точках Африки": Судане, Сомали, Зимбабве. [2] После того как в 2003 году были разведаны крупнейшие месторождения нефти в суданской провинции Дарфур, в стране началась война между коренным чернокожим населением и властями Судана. [3] Из-за пограничных споров Судана и Южного Судана неоднократно возникали перебои с поставками нефти. Именно по этой причине для урегулирования конфликта МИД Китая в апреле 2012 года принял решение направить в Судан специального посланника, задачей которого было посадить конфликтующие стороны за стол переговоров и добиться заключения перемирия.[4] Китайский спецпредставитель по Африке Лю Гуйцзинь зимой 2011 года заявил, что Китай "проделал большую работу, чтобы убедить" Север согласиться на референдум об отделении Южного Судана.[5]

Безусловно, что столь активное участие Китая в делах африканского континента обусловлено в первую очередь стремлением Китая занять и сохранить за собой определенную нефтяную нишу в этом регионе. Африканские природные энергетические ресурсы, представляют собой прекрасную альтернативу ближневосточной нефти. Более того, на настоящий

---

[1] China wants peace in Africa. [Электронный ресурс]. Режим доступа: http://www.globalissues.org/news/2012/10/13/15045
[2] Самсонов Александр. Битва Китая и Запада за природные ресурсы Африки. [Электронный ресурс]. Режим доступа: http://topwar.ru/7309-bitva-kitaya-i-zapada-za-prirodnye-resursy-afriki.html
[3] Кудров Е.А. Предпосылки конфликтов между Севером и Югом Судана. [Электронный ресурс]. Режим доступа: http://www.iimes.ru/?p=7023
[4] Китай выделит Южному Судану 8 млрд. долларов. [Электронный ресурс]. Режим доступа: http://www.finomenov.ru/economy/44590-kitay-vydelit-yuzhnomu-sudanu-vosem-milliardov-dollarov.html
[5] ООН пытается погасить конфликт в Судане. [Электронный ресурс]. Режим доступа: http://www.ng.ru/world/2011-06-29/7_sudan.html

момент влияние США и Западного мира в целом на страны Африки значительно меньше, чем на страны Ближневосточного региона. Именно по этой причине китайское руководство стремится заручиться поддержкой как можно большего количества нефтедобывающих африканских стран. Достижение данной цели предполагает предоставление кредитов на льготных условиях и участие в крупных инвестиционных проектах.

Заключение

В современно мире регион Большого Ближнего Востока представляет интерес для многих государств мира. Однако наиболее заинтересованы в усилении геополитического влияния в этом регионе именно те страны, экономика которых напрямую зависит от уровня промышленного производства, работоспособность которого требует регулярных поставок природных энергоресурсов. Ближневосточный регион, будучи чрезвычайно богат подобными ресурсами, в современном мире представляет собой территорию, разделенную на сферы влияния ведущими мировыми державами. Ради расширения сферы своих влияний иностранные государства начинают вмешиваться во внутренние дела ближневосточных государств, и иногда прибегают к насильственным методам, что доказывают непрекращающиеся вооруженные столкновения в этом регионе. Очевидно, что без вмешательства внешних сил большинство из очагов противостояния были бы давно подавлены внутренними силами государств. Однако оказываемая внешними силами помощь оппозиционным группировкам приводит лишь к ужесточению противостояния.

Для Китая Ближневосточный регион представляет собой не только источник нефти и газа, но является и крупнейшим рынком сбыта для китайских товаров. Исходя из столь значимой привлекательности данной территории, Китай планомерно наращивает свое присутствие в этом регионе с начала XXI века. Событием, послужившим отправной точкой для укрепления Китая в этом регионе стал теракт 11 сентября 2001г., произошедший в Америке, в результате которого были значительно подорваны позиции США в этой части земного шара, хотя ранее они занимали здесь доминирующее положение. Однако до последнего момента официальный Пекин, руководствуясь внешнеполитической концепцией "активного невмешательства", установленной еще Дэн Сяопином в 80-е годы XX века, стремился не вмешиваться в проблемы Ближневосточных государств, а лишь постепенно получать из этого региона те ресурсы, которые требовала растущая китайская экономика.

Однако изменение расклада сил в мире внесло определенные коррективы во внешнеполитических стратегиях многих государств. В свою очередь, для Китая нарастание конфликтной ситуации на Ближнем Востоке в конце первого десятилетия XXI века стало знаком того, что следование стратегии "невмешательства" является причиной значительных экономических и политических утрат на международной арене. В итоге, китайское руководство стало переходить от позиции "активного невмешательства" к политике "мягкой силы", которая предполагала активное участие в международных процессах, но исключала возможность применения вооруженной силы для реализации своих интересов. Акцент делался на развитие торгово-экономического сотрудничества и культурного обмена. Окончательный постепенный переход от старой внешнеполитической концепции к новой бы объявлен на XVIII съезде КПСС в ноябре 2012 года политическими лидерами государства.

Значительную роль в укреплении позиций Китая в этом регионе сыграла нейтральная позиция китайского руководства по отношению к исламу. Многие Ближневосточные государства, исповедующие ислам настороженно относятся к западным инвесторам, пытающимся навязать свои условия заключения договоров. В свою очередь, китайская сторона наоборот пытается перенять часть мусульманских традиций в области заключения сделок и ведения бизнеса в целом, так как по их мнению, это способствует лишь интенсификации торгово-экономического сотрудничества со странами, где значительная часть населения исповедует ислам.

До сих пор основным соперником Китая за влияние в этом регионе остаются США, которые несмотря на свои утраченные позиции, пытаются отстоять там свое присутствие. При этом зачастую США прибегают к давлению на политическое руководство Ближневосточных государств, нежелающих проводить проамериканскую политику. Вмешательство США во внутренние дела государств этого региона является одной из основных причин возникновения конфликтной ситуации в этом регионе. Однако тот факт, что на данный момент китайское руководство напрямую не критикует действия США свидетельствует лишь о том, что на пока Пекин не может противопоставить свое международное влияние Вашингтону. Хотя уже сейчас можно сделать вывод о том, что рост экономического и политического влияния Китая в мире в будущем может привести к тому, что США будут вынуждены считаться с позицией китайской стороны по международным вопросам, в том числе и в вопросе урегулирования ситуации в Ближневосточном регионе.

Отстаивание Китаем твердой позиции по иранскому вопросу и сирийской революции свидетельствует о стремлении руководства этой страны вывести внешнеполитическое влияние государства на новый уровень. В целом, Ближневосточный регион можно назвать "тестовой площадкой" для апробирования внешнеполитической концепции "мягкой силы". Пока следование этой политики является довольно результативным. Приверженность Китая идеи неприменения силы привлекает на его сторону многих лидеров Ближневосточных государств, в том числе Сирии и Ирана. При этом стремление Китая участвовать в экономической и культурной сферах жизни этих государств приводит лишь к расширению сотрудничества между ними, и как следствие, частичному вытеснению западных держав с рынков этих государств. В результате стратегия "мягкой силы" открывает большие возможности для укрепления позиций Китая как в Ближневосточном регионе, так и мире в целом.

Ощущая нестабильность в регионе Ближнего Востока, и опасаясь за возникновение перебоев в поставках энергоресурсов из региона, Китай стремится обеспечить себе иные каналы транспортировки ресурсов, а также пытается открыть для себя новые рынки сбыта. В силу того, что африканский рынок на данный момент является наиболее свободным от товаров других стран, китайские производители сочли именно его наиболее перспективным для реализации своей продукции. Более того, на территории африканского континента находятся огромные залежи энергоресурсов, которые могут быть безопасно транспортированы в Китай. В свою очередь, африканские страны довольно доверительно относятся к китайскому присутствию в регионе, тогда как западным странам до сих пор припоминают их политику колониальной экспансии, проводимой в XX веке. В итоге, китайским корпорациям отдается преимущество в подписании контрактов по добыче нефти и газа, а также других инвестиционных проектах. Таким образом, для Китая Африканский континент представляет собой нечто вроде эквивалента Ближневосточному региону, в первую очередь, в экономическом плане. В случае, если на Ближнем Востоке конфликт перерастет в состояние настоящей войны, Китаю есть откуда импортировать энергоресурсы, и куда сбывать произведенные товары. В итоге, постепенное проникновение Китая в Африку можно считать частью проводимой политики "мягкой силы", предполагающей укрепление связей с другими государствами, в первую очередь, через укрепление торгово-экономического и культурного сотрудничества.

Таким образом, можно сделать вывод о том, что за первое десятилетие XXI века китайская внешнеполитическая стратегия претерпела значительные изменения. Нарастающая экономическая мощь Китая больше не позволяет оставаться в стороне от международных проблем государству, претендующему на титул "великой державы". Именно Ближневосточный регион может стать той частью земного шара, где Китай проявит себя в качестве активного участника международного процесса. Более того, в свете последних событий в Ближневосточном регионе стало очевидно, что неучастие в урегулировании международных проблем приводит к значительному экономическому ущербу. Китай отстаивает идею неприменения оружия и мирного урегулирования всех проблем, чем привлекает на свою сторону руководство многих Ближневосточных государств, настроенных негативно по отношению к Западу. Несмотря на то, что пока Китай не может противопоставить США и ведущим

Европейским державам свое международное влияние, в будущем может произойти перестановка сил.

Список использованных источников и литературы

Источники.

1. Confucius Institute online. [Электронный ресурс]. Режим доступа: http://www.chinese.cn/

2. Ministry of Foreign Affairs of the People's Republic of China. [Электронный ресурс]. Режим доступа: http://www.fmprc.gov.cn/eng/default.htm

3. UN Security Council. [Электронный ресурс]. Режим доступа: http://www.un.org/Docs/sc/

4. 人民日报.(Ежедневная газета Женьмин жибао). [Электронный ресурс]. Режим доступа: http://www.people.com.cn/

5.全球的报 (Газета Глобал Таймс.)

6. 新华社 (информационное агентство Синьхуа). [Электронный ресурс]. Режим доступа: http://www.nx.xinhuanet.com

Список использованной литературы.

1. Айвазов Александр. Будет ли Большая война на Ближнем Востоке?// Современный ислам. 2012. №5-6. С.24-28

2. Белобров Ю. Пекин и иранский ядерный кризис. [Электронный ресурс]. Режим доступа: http://www.intelros.ru/readroom/mir-i-politika/m11-2012/16958-pekin-i-iranskiy-yadernyy-krizis.html

3. Ганшин И. Прочность китайской "мягкой силы".// Проблемы Дальнего Востока. 2009.№6. С.34-43

4. Дейч Татьяна. Китай "завоевывает" Африку. [Электронный ресурс]. Режим доступа: http://russiancouncil.ru/inner/?id_4=

5. Информационный портал Институт Ближнего Востока. [Электронный ресурс]. Режим доступа: http://www.iimes.ru/

6. Кашнин В. Выйти из тени. Китай в поисках новой внешней политики.// Россия в глобальной политике. 2012.№2. С.109-118

7. Кравченко Екатерина. Юань расползается по миру. [электронный ресурс]. Режим доступа: http://www.postcrisisworld.org/publications/podrobnee/1289/

8. Кудров Е.А. Предпосылки конфликтов между Севером и Югом Судана. [Электронный ресурс]. Режим доступа: http://www.iimes.ru/?p=7023

9. Лузянин С. Китай на пути к "сверхдержаве": сколько осталось пройти?// Обозреватель-Observer. 2011.№4. С.78-91

10. Лукин Александр. Россия, США, Китай и война в Ираке.// Международная жизнь. 2003.№4. С.96-115

11. Он-лайн версия журнала "Эксперт" [Электронный ресурс]. Режим доступа: http://expert.ru/

12. Новостной портал "ИноСМИ". [Электронный ресурс]. Режим доступа: http://www.inosmi.ru/

13. Новостной портал "Ислам для всех!". [Электронный ресурс]. Режим доступа: http://islam.com.ua/

14. Пономарев С. Политика КНР в области нераспространения ядерного оружия: доктрина, теория и практика.// Проблемы Дальнего Востока. 2009. №6. С.14-25

15. Самсонов Александр. Битва Китая и Запада за природные ресурсы Африки. [Электронный ресурс]. Режим доступа: http://topwar.ru/7309-bitva-kitaya-i-zapada-za-prirodnye-resursy-afriki.html

16. Свешников А.А. Концепции КНР в области внешней политики и национальной безопасности.[Электронный ресурс]. Режим доступа: http://library.by/portalus/modules/politics/readme.php?subaction=showfull&id=1141857334&archive=&start_from=&ucat=10&

17. Трифонов В. Внешняя политика КНР (1949-2009гг.)//Проблемы Дальнего Востока. 2009. №5. С.45-70

18. Цзайцзи Лю. Что впереди у КНР и США: вооруженный конфликт или потенциальный союз?// Мировая экономика и международные отношения. 2005. №6. С.76-85

19. Электронный журнал "Новое Восточное Обозрение". [Электронный ресурс]. Режим доступа: http://www.ru.journal-neo.com/

20. Baker Rodger. Dispatch: Middle East Unrest and China's Resource Interests.[Электронный ресурс]. Режим доступа: http://www.stratfor.com/analysis/20110223-dispatch-middle-east-unrest-and-chinas-resource-interests

21. Dorsey M. James. China needs to change Mideast foreign policy. [Электронный ресурс]. Режим доступа: http://www.bloomberg.com/news/2012-02-07/china-needs-to-change-mideast-foreign-policy-commentary-by-james-dorsey.html

22. Gundzik J.P. The ties that band Russia, China and Iran. [Электронный ресурс]. Режим доступа: http://www.atimes.com/atimes/China/GF04Ad07.html

23. Hofstedt Todd A. China in Africa. [Электронный ресурс]. Режим доступа: http://www.usnwc.edu/getattachment/52b59501-ad3e-4d14-a797-5e1351d6bce0/China-in-Africa--An-AFRICOM-Response---Todd-A--Hof

24. Journal "China.org.cn". [Электронный ресурс]. Режим доступа: http://www.china.org.cn/

25. Leverett Flynt. Managing China-US energy competition in the Middle East. [Электронный ресурс]. Режим доступа: http://www.masteruniteramo.it/pdf/articoliesaggi_perautore_pdf/leverett-bader_cina%20in%20medio%20oriente.pdf

26. Reuters Agency. [Электронный ресурс]. Режим доступа: http://www.reuters.com/

27. Temiz Kadir. China and the Islamic world and political relations. [Электронный ресурс]. Режим доступа: http://gmsudan.com/20110103/china-and-the-islamic-world-economic-and-political-relations/

28. Zambelis Chris. China tests its mettle in Syria. [Электронный ресурс]. Режим доступа: http://www.ikners.com/2012/03/17/china-china-tests-its-mettle-in-syria-by-chris-zambelis/

29. The Jerusalem Post. [Электронный ресурс]. Режим доступа: http://www.jpost.com/

30. The Middle East Channel. [Электронный ресурс]. Режим доступа: http://mideast.foreignpolicy.com/

31. The New York Times. [Электронный ресурс]. Режим доступа: http://www.nytimes.com/

32. 叙利亚，“革命”没有未来(силия гемин мей йоу вей лай)Сирийская революция не имеет будущего. [Электронный ресурс]. Режим доступа: http://www.guancha.cn/tao-duan-fang/2012_09_02_94751.shtm

MIX
Papier aus verantwortungsvollen Quellen
Paper from responsible sources
FSC® C105338

Printed by Books on Demand GmbH, Norderstedt / Germany